D'UNE GRAVE OMISSION

DANS

LA CHARTE

ET

DE LA NÉCESSITÉ DE LA RÉPARER.

Par J.-B.-C. MANÉHAND, Avocat.

« Le but de l'institution d'un gouvernement
« est d'assurer l'existence du corps politique,
« et de procurer aux individus qui le compo-
« sent, la faculté de jouir en sûreté de leurs
« droits naturels et d'une vie heureuse ; et,
« TOUTES LES FOIS QUE CES GRANDS OBJETS NE
« SONT PAS REMPLIS, LE PEUPLE A DROIT DE
« CHANGER LE GOUVERNEMENT et de prendre les
« mesures nécessaires à sa sûreté, à sa prospé-
« rité, à son bonheur. »

PRÉAMBULE *de la Constitution de l'état
de Massachussets.*

PARIS.

PAULIN, ÉDITEUR,
RUE NEUVE-SAINT-MARC, N. 10.

AOUT 1831.

IMPRIMERIE DE DAVID ,
Boulevard Poissonnière, n. 6.

Le premier projet de loi, présenté en 1814 au corps législatif, après l'*octroi* de la Charte, avait pour objet la suppression de la liberté de la presse. Sa forme n'indiquait le concours d'aucun autre pouvoir que celui de l'autorité royale ; et, sous ce rapport, le projet portait une atteinte plus grave encore au droit des Chambres. Je crus devoir hasarder quelques réflexions sur cette irrégularité : je fis distribuer, aux Pairs et aux Députés, une brochure ayant pour titre : *De la Forme constitutive des lois.* Il paraît qu'elle fut approuvée ; car, presque aussitôt son apparition, des propositions conformes à son esprit, furent faites dans les deux Chambres.

Les réflexions que me suggère l'omission, dans la Charte nouvelle, de la plus importante peut-être des dispositions d'un pacte social, seront-elles aussi favorablement accueillies? L'omission que je signale peut-elle être réparée? Le sera-t-elle?... Je l'ignore. Mais, aujourd'hui comme alors, je crois ces réflexions utiles et je les publie.

D'UNE GRAVE OMISSION

DANS LA CHARTE

ET

DE LA NÉCESSITÉ DE LA RÉPARER.

Nulle œuvre humaine n'est parfaite : nulle n'est éternelle. En vain nos anciens rois inséraient, dans chacun de leurs édits, cette formule ambitieuse : *et pour que ce soit chose ferme et stable à toujours ;* quelques années étaient à peine écoulées qu'un nouvel acte de la *certaine science et pleine puissance* avait détruit sans retour la chose immuable, émanée de la même science et de la même puissance. Non, rien n'est stable, n'est immuable ici-bas. Les constitutions, les chartes, les pactes sociaux, bien qu'émanés des peuples, ou consentis, approuvés et jurés par eux et par ceux qu'ils ont appelés à les gouverner, ne sont que des actes transitoires dont la modification peut être rendue nécessaire, inévitable, par des événemens imprévus, des circonstances nouvelles, des changemens dans les mœurs, des progrès dans l'industrie et la civilisation. Que faire cependant lorsque cette nécessité se fait sentir et que le cas n'a point été prévu ; lorsque le mode d'opérer la rectification de quelque partie du pacte social n'a pas été déterminé et réglé à l'avance par cet acte même ? S'il n'est point modifié ; si l'article, dont l'exécution est devenue impossible ou l'application dangereuse, ne peut être légalement changé, il y aura perturbation dans la société ou révolution dans l'état, et conséquemment péril, soit dans l'action, soit dans la demeure.

Lorsqu'en 1820 le pouvoir, dans son intérêt, voulut réformer le mode d'élection des députés et faire la part plus large à l'aristocratie, il présenta un projet de loi destructif des principales dispositions de cette Charte que lui seul avait rédigée et octroyée. Les citoyens, dont les droits les plus précieux étaient menacés, s'irritèrent, se soulevèrent au nom de la Charte, de cette Charte qu'ils voyaient si audacieusement violée. Ces soulèvemens imprévus, spontanés, non concertés, manquant d'ensemble et d'appui, furent aisément réprimés par la force armée. Le sang français coula, versé par des mains françaises, et une majorité de cinq voix, obtenue par les suffrages de cinq députés-ministres, détruisit les articles 37 et 40 de la Charte. La représentation nationale fut faussée dans son principe, et ceux qui la composèrent ne furent plus, en majeure partie, les mandataires de la nation, mais les agens de l'émigration qui vint triomphante s'asseoir sur les banquettes populaires et s'adjuger un milliard d'indemnité ou de récompense pour les maux qu'elle avait faits et suscités à la France.

Ainsi s'établit le faux principe de l'omnipotence parlementaire. La conséquence de cette décision était que le concours des trois pouvoirs, le roi et les deux Chambres, suffisait pour modifier, altérer, changer toutes les dispositions de la Charte. On pouvait ainsi annuler le peu de garanties assurées à la nation, abolir le jury, rétablir la confiscation (1), supprimer la Cham-

(1) La confiscation supprimée ! c'est un leurre. Des amendes de 6, de 10, de 15 de 20 mille francs établies pour la répression de faibles délits, de simples contraventions, ne sont-elles pas une véritable confiscation ? N'est-ce pas pis encore ? Sur les 32 millions de Français, y en a-t-il un millième qui possèdent une fortune réelle de 20,000 francs de capital? Pour le surplus, une amende de 20,000 francs est donc une confiscation, C'est pis encore : la confiscation n'entraîne que la perte de ce que l'on possède ; mais lorsque le bien du condamné n'a pas suffi à acquitter l'amende, il reste débiteur du surplus envers le fisc qui exercera ses droits sur tout ce que le malheureux pourra gagner ou acquérir par la suite.

bre des députés elle-même, réédifier en un mot l'ancien despotisme, toujours au nom et en vertu de cette même Charte, dont on eût effacé jusqu'à la dernière ligne.

Charles X a adopté un principe différent. L'opposition que son gouvernement avait éprouvée lui démontra qu'il ne parviendrait point, à l'aide de l'omnipotence parlementaire, à reconstituer le pouvoir absolu, objet avoué de tous ses désirs, but constant de ses efforts, et vers lequel le poussaient incessamment le parti-prêtre et la faction nobiliaire. Il crut trouver, dans l'article 14 de la Charte, le droit et le moyen de la renverser. Tous les stipendiés du ministère Polignac s'escrimèrent à l'envi pour tâcher de démontrer que le pouvoir constituant résidait uniquement dans la royauté ; qu'elle pouvait l'exercer à son gré et à chaque instant ; que la Charte, étant une pure concession de la volonté du roi, pouvait être révoquée par l'autorité dont elle était émanée ; qu'un roi ne pouvait être lié par son prédécesseur, etc.

Ces raisonnemens, présentés de mille manières par les journaux contre-révolutionnaires, combattus avec autant de force que de clarté par les écrivains libéraux, mais toujours reproduits sans que l'on se mît en peine de répondre aux objections, annonçaient assez au peuple l'intention de lesappliquer. Ils le furent. Les funestes projets du pouvoir se réalisent. Le *Moniteur* apparaît le 26 juillet 1830, comme un éclair sinistre, au milieu de Paris étonné, interdit, indigné.

A la stupéfaction succède bientôt l'irritation. Chacun quitte son domicile, abandonne sa famille et ses affaires ; on s'assemble dans les rues, dans les places publiques, les boutiques se ferment, les ateliers sont déserts. Le cri de *vive la Charte* est le premier qui se fait entendre, parce que c'est de sa violation que l'on a à se plaindre en cet instant. Mais la force armée est mise en mouvement contre une population jusque – là inoffensive. On commande le feu, le sang coule… Vengeance! Le peuple se lève : ses rangs éclaircis par les balles, par la mitraille, se resserrent, se renouvellent, se grossissent d'heure en heure. Après trois jours de combats, la victoire reconnaît le drapeau tricolore qu'elle a si longtemps accompagné; elle s'attache à lui de nouveau pour ne plus l'abandonner. Les soldats du roi parjure sont défaits; la Charte qu'il a violée, lacerée par le fer, consumée par le feu, la charte n'est plus. Le trône, relevé par les ennemis de la France, est renversé pour la troisième fois ; la restauration a pris fin, et la dynastie est expulsée sans retour.

Pourquoi dans ces deux mémorables circonstances a-t-il fallu l'insurrection contre la violation du pacte social ? Parce qu'il ne contenait pas en lui-même le moyen d'y apporter de changement. Dans ces deux occasions, c'est le pouvoir qui voulait lever ce qu'il croyait un obstacle à son action et accroître une autorité qu'il regardait comme incomplète et insuffisante ; mais si la nation, de son côté, mécontente de certaines dispositions de la Charte, irritée de ne pas jouir de toutes les libertés auxquelles elle croyait avoir droit, eût reclamé l'abolition des premières et la jouissance des autres ; si, par exemple, elle eût voulu, ce qu'elle veut aujourd'hui, la non-hérédité de la pairie, comment eût-elle pû exprimer son vœu, le faire discuter et admettre ? Aucune voie légale ne lui était ouverte. Il y a plus : aucune autorité n'aurait pu en délibérer. Elle n'avait rien à espérer de l'omnipotence attribuée faussement et fictivement en 1820 aux trois pouvoirs législatifs ; car il eût fallu leur commune adhésion, et certes la pairie ne se fût point suicidée : le premier besoin, par conséquent le premier droit et le premier devoir d'un corps comme d'un individu est de veiller à sa conservation. Il faut donc convenir que, dans ce cas même, l'insurrection, seul coup d'état possible à un peuple, eût été la seule voie d'obtenir une modification quelconque à la Charte; comme c'est par l'insurrection qu'il en a puni la violation et qu'il a été forcé de l'anéantir.

Mais la Charte octroyée n'était pas destinée à survivre aux circonstances qui en avaient nécessité la publication. Cette œuvre ténébreuse des familiers de Louis XVIII n'était à ses yeux et à ceux de ses courtisans qu'un pont volant placé au-dessus du torrent révolutionnaire pour le franchir plus aisément et arriver, *par d'autres moyens*, à ce pouvoir absolu si cher aux chefs des nations, à ce despotisme de Louis XIV, si regretté de son successeur et de cette foule *courtisanesque* de prêtres et de nobles qui se croient opprimés s'ils n'oppriment, et qui se soumettent à un maître pour que tout leur soit soumis.

Il était donc inutile, dans la pensée qui avait présidé à la rédaction de cette Charte, d'aviser aux moyens légaux de la modifier, puisqu'elle n'était qu'éphémère et ne devait durer que le temps nécessaire pour obtenir la force de la renverser. Ses imperfections mêmes devaient en hâter l'instant; et, sans le retour inopiné de

Napoléon, il est présumable que le premier anniversaire de l'octroi de la Charte en eût vu les funéraires.

Mais comment la chambre de 1830, en faisant revivre cette Charte de 1814, détruite par la victoire de juillet, en la modifiant, en voulant l'approprier aux besoins et aux vœux de la nation, n'a-t-elle point indiqué les moyens d'en supprimer les articles qui ne se trouveraient point en harmonie avec les besoins de la société, d'y ajouter ceux que les mêmes besoins auraient rendu nécessaire d'y insérer, ou d'en modifier d'autres dont la rédaction eût, dans la suite, paru vicieuse, ou incomplète, ou dont le temps et l'application eussent fait sentir les inconvéniens ?

Toutes les constitutions françaises, antérieures à la Charte, contenaient à cet égard des conditions expresses : que l'on nous permette de les rappeler.

La constitution de 1791, élaborée avec tant de soins et une si sage lenteur, par la première et la plus grande de nos assemblées nationales, celle qui osa proclamer à la face de tous les rois de l'Europe, *le principe éternel que toute souveraineté réside essentiellement dans la nation,* cette mémorable assemblée « recon-

« naissant que la nation a le droit imprescrip-
« tible de changer sa constitution, et néanmoins
« considérant qu'il est plus conforme à l'intérêt
« national d'user seulement, par les moyens
« pris dans la constitution même , du droit de
« réformer les articles dont l'expérience aurait
« fait sentir les inconvéniens, décrète qu'il y sera
« procédé par une assemblée de révision. »

Un titre entier est destiné à régler la forme de cette révision.

Elle doit avoir été demandée par trois législatures; leurs vœux à cet égard ne sont pas soumis à la sanction royale. La quatrième législature, augmentée de 249 membres devait former l'assemblée de révision ; s'occuper de suite des objets soumis à son examen; et, ce travail terminé, les 249 membres se retiraient, sans pouvoir prendre part aux actes législatifs.

Cette constitution, à qui tout, à son apparition, présageait une longue carrière et une heureuse destinée, acceptée par le roi le 20 septembre 1791, cessa bientôt d'exister. Le canon du 10 août brisa le pacte entre la nation et la royauté; avec elle le trône fut renversé. L'ennemi, guidé par les frères du monarque , avait pénétré dans l'intérieur de la France : Longwy et Verdun s'étaient rendus ; les plaines de la Champagne étaient envahies; la liberté, l'indépendance nationale étaient menacées : on courut aux armes. Nous examinerons plus tard quelle fut la conduite de l'assemblée législative dans ces momens de crise, lorsque les lois sans force, l'Etat sans chef, le peuple sans guide et sans règles, tout se mouvait et se heurtait dans le désordre et l'anarchie. Continuons à rechercher les moyens admis par tous les corps constituans pour parvenir à modifier ce qu'ils avaient cru utile de décréter.

La Convention, instituée pour établir un nouveau pacte social, fut investie de tous les pouvoirs. Les circonstances terribles, au milieu desquelles elle se trouvait placée, l'obligèrent d'user de l'autorité dictatoriale dont elle était revêtue. Elle en abusa; mais elle sauva la patrie : l'indépendance nationale fut respectée. La Convention s'occupa peu, dans les premiers temps de son existence, de l'objet spécial de sa mission; cependant, afin de ne pas paraître le négliger entièrement, elle soumit, à l'acceptation du peuple, au mois de juin 1793, un acte constitutionnel inexécutable, car il ne constituait que l'anarchie. Quelque fût cet acte, ses auteurs avaient du moins prévu le cas où la révision en serait demandée.

« Si dans la moitié des départemens plus un,
« portait l'article 115, le dixième des assemblées
« primaires de chacun d'eux, régulièrement
« formées, demandent la révision de l'acte con-
« stitutionel, ou le changement de quelques-
« uns de ses articles, le corps législatif est tenu
« de convoquer les assemblées primaires pour
« savoir s'il y a lieu à une convention natio-
« nale. »

Certes, il eût fallu, pour arriver à la modification d'un seul article, un concert si unanime
de tant de volontés, que le plus léger changement ne pouvait s'opérer sans exposer l'Etat à
des commotions, peut-être à la guerre civile.
Ainsi l'on rendait hommage au principe, en en-
tourant son application de telles difficultés
qu'elles la rendaient impossible.

La constitution dite de l'an III, qui se main-
tint dans l'intervalle du 1er vendémiaire an IV au
18 brumaire an VIII, contenait des dispositions
très-étendues sur le moyen de la modifier.

La révision devait être proposée par le conseil
des anciens et soumise à la ratification de celui
des Cinq-Cents. Après trois ratifications par ce
dernier de la proposition du premier, une assemblée de révision était convoquée. Elle était
formée de deux membres par département et

devait se réunir à une distance de 20 myriamè-
tres (40 lieues) du lieu où siégeait le corps législatif. Sa durée ne pouvait excéder trois mois.

Le vainqueur de l'Italie abrége ces formali-
tés : nouvel Alexandre, son épée tranche la dif-
ficulté ; la constitution est déchirée et il s'empare
de tous les pouvoirs.

La constitution qu'il voulut bien s'astreindre
à promulguer, ne prescrivit aucun moyen de
révision. Cet acte cauteleux n'était destiné seulement qu'à servir de marche-pied à son auteur,
pour arriver au trône, déjà l'objet de son ambi-
tion. Une disposition particulière changeait le
sénat appelé, par contre vérité, *conservateur,*
de statuer sur les inconstitutionalités qui lui seraient dénoncées. En sorte que les plus grandes
aberrations du pouvoir, les abus d'autorité les
plus révoltans, tel que la déportation de cent
citoyens sans jugement et sans motifs, approuvés
par le sénat, étaient constitutionnels. Un sénatus-
consulte de l'an X change entièrement les ba-
ses de la constitution de l'an VIII, enfin celui de
l'an XII, érige le trône impérial sur les débris
de la république. Napoléon s'y assied ; de ses
mains victorieuses, il enchaîne la liberté, et
pose sur son front, couvert de lauriers, la couronne impériale.

Si nous jetons au dehors les yeux sur les constitutions basées sur le principe de la souveraineté nationale, même sur celles concédées ou rédigées par la puissance royale, nous trouverons, dans toutes, la prévision de la nécessité de les réviser, de les amender, de les modifier, d'après l'expérience ou le besoin des temps.

Examinons d'abord celles de ce peuple nouveau qui donna à l'Europe l'exemple de l'affranchissement de l'homme de tout pouvoir, autre que celui de la loi. C'est dans le pacte fondamental de chaque état, que nous découvrirons les vrais principes et les véritables conditions de l'humaine association.

Les délégués de l'état de Massachussets (1779-1780) font précéder leur constitution de cette déclaration remarquable que nous avons placée comme épigraphe en titre de cet écrit. Ils terminent le pacte social par fixer l'époque où l'on pourra faire les changemens que l'expérience aura fait juger nécessaires. Ils indiquent l'année 1795 pour la convocation des habitans, ayant qualité pour voter, afin de recueillir leurs opinions sur la nécessité ou l'utilité de faire des corrections ou changemens à la constitution et prescrivent ensuite la manière d'élire les délégués qui devront former une convention.

La constitution de Pensylvanie prescrit, après

chaque période septennale, la formation d'un conseil de censeurs, composé de deux membres, élus par chaque ville et comté. Ce conseil est chargé d'examiner si la constitution a été observée dans toutes ses parties, et de réprimer les atteintes qui y auraient été portées. Il a aussi le pouvoir de convoquer une convention, s'il lui paraît qu'il y ait nécessité de corriger quelque article défectueux de la constitution, d'en expliquer quelques-uns ou d'en ajouter de nécessaires à la conservation des droits et au bonheur du peuple.

Il suffit de ces citations pour démontrer que, dans tout état libre, le cas de réformation du contrat social a toujours été prévu, et le mode de l'opérer légalement établi à l'avance.

Que si, de ces associations, fondées sur la libre volonté des contractans, nous portons nos regards sur la loi fondamentale d'un pays voisin, émanée d'un prince imposé par la Sainte-Alliance à des peuples trop différens entre eux de mœurs, de religion, de coutumes, de langages pour rester long-temps unis, nous verrons que le roi des Pays-Bas n'avait point omis une disposition qui, bien qu'éventuelle, difficile, souvent même impossible, n'ôte point aux nations l'espoir de changemens avantageux. En effet, le chapitre VI de cette loi dispose : « que « si l'expérience faisait connaître que des chan-

« gemens ou des additions y sont nécessaires ,
« ils seraient désignés par une loi qui en décla-
« rerait la nécessité ; qu'il serait alors adjoint à
« la seconde chambre (composée des députés
« des provinces) un nombre égal de membres
« extraordinaires; cette chambre, ainsi doublée,
« ferait à la loi fondamentale les changemens ou
« additions reconnues utiles. Les résolutions ne
« pourraient être prises qu'autant que les deux
« tiers des membres dont se compose l'assem-
« blée seront présens , et à la majorité des trois
« quarts de voix. »

Il est une remarque que l'on ne peut omettre
dans les circonstances actuelles : La première
chambre des états-généraux n'est point appelée
à concourir aux modifications et changemens
de la loi fondamentale. Ce serait en effet un
obstacle à toute amélioration : les membres de
cette chambre, nommés à vie par le roi et pris
dans l'aristocratie de naissance ou de fortune ,
ayant des intérêts différens de ceux des peuples,
pourraient s'opposer à la réforme de tous les abus
qui les favoriseraient. Et, chez nous, l'on vou-
drait que la chambre des pairs fût appelée à
prononcer sur un article constitutionnel d'où
dépend sa future existence !...

Enfin, une constitution nouvelle, décrétée
par le congrès national, vient d'apparaître pour

la Belgique, séparée de la Hollande. Un sénat remplace la première chambre ; la seconde est celle des représentans. Les sénateurs sont nommés pour huit ans, par les citoyens qui élisent les représentans : la durée du mandat des représentans est de moitié. Les premiers ne reçoivent ni traitement, ni indemnité ; les seconds reçoivent une indemnité pendant la session. L'analyse de ces dispositions nous paraît de quelqu'intérêt dans la situation actuelle des choses en France.

La constitution belge contient sur sa révision des dispositions que nous croyons utile de rapporter.

« Article 131. Le pouvoir législatif a le droit
« de déclarer qu'il y a lieu à la révision de telles
« dispositions constitutionnelles qu'il désignera.

« Après cette déclaration, les deux chambres
« sont dissoutes de plein droit.

« Il en sera convoqué deux nouvelles, confor-
« mément à l'article 71.

« Ces chambres statueront, de commun accord,
« avec le roi, sur les points soumis à la révision.

« Dans ce cas, les chambres ne peuvent déli-
« bérer si deux tiers au moins des membres qui
« composent chacune d'elles ne sont présens,
« et nul changement n'est adopté s'il ne réunit
« au moins les deux tiers des suffrages. »

Des réflexions seraient inutiles sur la diffé-
rence des modes adoptés pour réviser les pactes

sociaux ; il suffit, pour atteindre le but que nous nous sommes proposé, qu'il soit établi que, dans nulle constitution véritable, n'a été omis le moyen de la mettre en harmonie avec les besoins de la société ou les nécessités du temps.

Comment donc nos députés du double vote, qui se sont, avec tant de facilité, constitués constituans., n'ont-ils pas prévu qu'il pourrait être un jour, dans un long avenir, indispensable de modifier une Charte si lestement improvisée? Ont-ils cru avoir, comme la puissance divine, créé, par leur parole, une œuvre immortelle? et avoir établi des lois immuables comme celles de la nature? Ils auraient du moins, à l'instar du créateur, après avoir vu que tout était bien, dû déclarer qu'ils se reposaient : et la France entière eût applaudi à cette résolution.

Mais ce qu'ils ont omis de faire, doit-il, peut-il être fait encore? La France est-elle tellement enchaînée par la Charte octroyée en 1814, replâtrée en 1815, et imposée au roi et au peuple par deux cents députés qui n'en avaient pas la mission, qu'elle ne puisse en aucun temps se débarrasser de ses entraves? Faudra-t-il comme en 1789, en 1792, en 1830, qu'une insurrection seule puisse faire disparaître des inconvéniens reconnus, ressentis par tout un peuple? Non, mille fois non. L'insurrection, arme toujor terrible, fatale au peuple même qui est obligé de l'employer, l'insurrection est un remède extrême à des maux extrêmes ; c'est une crise quelquefois salutaire, mais dont le corps social est toujours blessé. Les plaies qu'elle lui fait sont lentes à se cicatriser, surtout lorsque les conséquences de la révolution que l'insurrection a amenée sont faussées ou méconnues, et que le pouvoir nouveau, oubliant son origine, veut suivre, reprendre la voie suivie par le pouvoir déchu, sans s'apercevoir qu'elle le conduit au précipice qui a englouti ce dernier.

Maintenant que nous croyons avoir établi, et par le raisonnement et par l'exemple, que tout pacte constitutif d'un gouvernement, pour être toujours en rapport avec les besoins de l'état, toujours en harmonie avec ceux de la société, doit contenir les moyens d'en changer ou modifier les dispositions dont les inconvéniens se sont fait sentir assez fortement pour porter le désordre dans les diverses parties du corps social, il nous reste à démontrer : 1° qu'il importe à la France que l'omission de ces moyens, faite avec ou sans intention par les auteurs et reviseurs de la Charte, soit incessamment réparée.

2° Que la Chambre actuelle, à laquelle la précédente a légué de statuer constitutionnellement sur l'hérédité de la pairie, a un droit au moins égal à celui que s'est arrogé sa devancière de réparer, dans l'intérêt général qui a aussi ses nécessités, une omission qui peut devenir la source de troubles et de perturbations.

Ces deux propositions nous semblent demander peu de développemens pour en démontrer l'évidence ; la première surtout est d'une incontestable vérité. Solon , Lycurgue, Numa, ont donné aux peuples assez confians en leur sagesse pour les instituer législateurs, non les meilleures lois possibles, mais celles que pouvait supporter l'état de la civilisation. Ces lois subsistèrent tant que les mœurs ne furent point altérées ; mais au moindre changement dans l'état social, comme elles ne contenaient point en elles-mêmes le principe de leur modification, celles-ci furent toujours les causes ou les occasions de divisions intestines , de guerres civiles. Rome a des rois, elle se lasse de leur domination et veut s'y soustraire ; un fait particulier en fournit l'occasion : Tarquin est expulsé ; le sénat, héritier du pouvoir royal, abuse de son autorité ; le peuple se retire : il obtient des tribuns ; il est tour-à-tour gouverné par des consuls, des décemvirs, puis encore des consuls. La puissance tribunitienne s'élève contre l'autorité sénatoriale, oppressive aristocratie : bientôt la force établit le droit ; la dictature perpétuelle se termine par un triumvirat ; le sang des meilleurs citoyens est versé ; la république périt, et sur ses débris s'élève l'empire.

Pourquoi chaque changement dans l'état coûta-t-il tant de sang, occasionna-t-il tant de désastres ? C'est que le principe n'en était pas admis, c'est que le mode n'en était pas consacré. Les législateurs modernes, non plus sages ou plus vertueux, mais plus éclairés, mieux instruits par l'expérience et surtout plus prévoyans que les anciens, ont tous prescrit un moyen régulier et légal de reviser leur œuvre, de la rectifier, de la réparer, même de la reconstruire, sans que la société en soit troublée ou dissoute.

L'oubli de cette prévoyance, dans la Charte de 1814, a occasionné les troubles de 1820, amené l'insurrection et la révolution de 1830. Comment les réviseurs de cette Charte ont-ils pu tomber dans la faute commise par son auteur ? Dans leur précipitation, ils ont tout négligé, tout méconnu, tout oublié, jusqu'à leur propre règlement. Voyons en effet de quelle manière ils ont agi.

Après avoir douté de leur pouvoir et de leur qualité tant que durait le péril, ils se réunissent le 3 août, lorsque tout danger est passé, que la victoire la plus glorieuse a ramené le calme et la tranquillité dans la capitale, et excité l'assentiment, l'enthousiasme de la France entière. Ils sont à peine installés que, sur la proposition d'un membre, une Charte constitutive est, non pas examinée, discutée, délibérée, mais emportée d'assaut, et imposée à la France par 219 députés, sans mandat spécial et presque sans mission.

Ce qu'ils n'ont jamais fait pour l'adoption du moindre amendement, ils le font pour le pacte social. La discussion de tout projet de loi dans les bureaux, prescrite par l'art. 45 de la même Charte, n'a pas lieu lorsqu'il s'agit d'une constitution. Pour la première fois ils tiennent leur séance la nuit, comme si l'on eût craint une discussion au grand jour ; à peine s'ils veulent ajourner leur décret au lendemain, tant ils sont pressés d'organiser un gouvernement à leur guise, d'imposer à la nation un pacte sur lequel elle ne sera pas consultée ; qu'elle n'aura la faculté ni d'approuver ni de rejeter, et qu'elle n'aura pas même l'espoir de voir jamais changer, modifier.

Ce que n'ont pas cru devoir faire les correcteurs de la Charte de 1830, doit-il, peut-il être fait aujourd'hui ? L'affirmative ne nous paraît pas douteuse.

Si le principe reconnu par l'assemblée constituante est démontré, que la nation a le droit incontestable de changer sa constitution, il est de toute évidence qu'elle peut la rectifier dans les points qui ne s'accordent pas avec sa situation, et que rien ne peut la priver de ce droit, ni l'empêcher de l'exercer ; qu'il convient toutefois que le mode de cette action soit fixé, afin qu'il s'exerce paisiblement et régulièrement ; que l'omission reconnue à cet égard dans la Charte de 1830 ne pouvant subsister sans devenir plus tôt ou plus tard une occasion de trouble et de perturbation dans la société, doit être incessamment réparée. Ces conséquences découlant du principe doivent recevoir leur exécution dans le moindre délai possible ; il est à propos, il est urgent que la chambre actuelle, qui n'a pas reçu un mandat plus circonscrit que la précédente, chargée d'ailleurs de prononcer sur la constitution de l'un des grands pouvoirs de l'État, statue également sur la question qui nous occupe. Elle le peut d'autant mieux, que n'ayant pas, en son infaillibilité, la même confiance que celle qui l'a précédée, elle doit prévoir le cas où son décret sur la pairie ne satisferait point l'opinion générale : et certes, ce serait la marque d'un bon esprit d'offrir à cette opinion l'espoir et le moyen d'un changement.

Contestera-t-on à la chambre nouvelle le droit

de réparer une erreur patente de la Charte émanée d'un pouvoir qui n'était pas même égal à celui dont elle est revêtue ? Alors il nous faudra remonter au droit que s'est arrogé la précédente de constituer l'État. Ce droit était fondé, nous dira-t-on, sur la nécessité à laquelle tout cède dans l'univers. Fort bien, mais cette nécessité était-elle bien réelle, évidente ? était-elle urgente, irrésistible ?

Nous trouvons dans l'histoire de notre temps un exemple d'une situation bien autrement grave. Voyons quel parti a cru devoir prendre alors la législation de cette époque.

Lorsqu'au 10 août 1792, le trône fut abattu et le monarque renversé, lorsque la colère du peuple n'était point appaisée, que le sang coulait ; que la multitude était sans frein, les lois sans pouvoir, les magistrats sans autorité ; que l'ennemi s'avançait vers la capitale, que tout était dans la confusion, le désordre et l'anarchie, que fit l'assemblée nationale, dans des circonstances aussi graves, aussi imprévues, et lorsqu'elle seule conservait quelque puissance ? S'avise-t-elle, en s'étayant de l'urgence et de la nécessité bien évidente toutefois, de créer un gouvernement et de reconstituer l'état ? Non. Comprenant sa position et la situation de la France, sachant que son mandat l'autorise seulement à faire des lois, à rendre des décrets, elle s'abstient de toute mesure qui excéderait sa capacité ; elle rend un décret par lequel : considérant que les dangers de la patrie sont parvenus à leur comble, que c'est pour le corps législatif le plus saint des devoirs d'employer tous les moyens de la sauver, mais QU'IL NE DOIT NI NE VEUT AGRANDIR SON AUTORITÉ PAR AUCUNE USURPATION, il invite le peuple à former une convention nationale.....

Les dangers de la patrie étaient-ils donc si grands, si redoutables, si imminens, le 6 août 1830, que deux cent dix-neuf députés, sur quatre cent trente, fussent obligés, par une invincible nécessité, d'improviser un pacte social, d'organiser la société, sans le concours national, sans la participation d'aucun autre pouvoir, et que cet acte dût être immédiatement exécuté sans avoir été soumis à aucun examen, aucune approbation, aucune adhésion ? Un lieutenant-général était nommé et avait pris les rênes du gouvernement ; tous les pouvoirs s'exerçaient librement dans leur sphère respective ; les tribunaux rendaient leurs arrêts, les préfets administraient, les lois étaient exécutées ; nul soulèvement, nul trouble n'appelait des mesures extraordinaires, des moyens particuliers de répression. Tout marchait comme avant la révolution. Où donc était cette urgente, *cette impérieuse nécessité résultant des événemens des* 26, 27, 28, *et* 29 *juillet,* alléguée par nos improvisateurs comme motif déterminant de l'usurpation des plus grands pouvoirs que puisse déléguer une nation ? Les réflexions se présentent en foule à l'esprit sur le défaut de sanction et d'acceptation de cette Charte, sur l'omission des dispositions les plus importantes, etc. Mais ne sortons pas du sujet de la discussion et bornons-nous à conclure ce qui vient d'être exposé :

Que par les corrections et additions que la chambre de 1830 s'est crue autorisé à faire à la Charte octroyée en 1814, elle n'a pu priver la nation en qui réside toute souveraineté, de qui émane tous les pouvoirs, de l'exercice du droit incontestable et imprescriptible de modifier et de changer la constitution de l'État ;

Que l'on ne peut exciper du consentement tacite donné à l'exécution de cette Charte et des corrections qui y ont été faites, la renonciation à tout changement ultérieur ; qu'une telle renonciation, fût-elle expresse, serait radicalement nulle, parce qu'une génération ne peut enchaîner les générations futures, et qu'une nation ne peut jamais abdiquer sa souveraineté ;

Qu'en admettant que la Charte satisfasse aux besoins de la France, et que le peuple trouve dans ses dispositions toutes les garanties de ses libertés, il n'en résulterait pas qu'il ne peut désirer soit la suppression des articles dont il aurait éprouvé les inconvéniens, soit l'addition de dispositions nouvelles dont le besoin se ferait sentir;

Que dans la situation actuelle des choses, il serait impossible d'obtenir les modifications ou réformes reconnues nécessaires, puisque le cas n'a point été prévu ni le moyen indiqué;

Que cette omission doit être réparée sans délai, afin d'éviter au corps social toute occasion de trouble et de perturbation;

Que si la chambre de 1830 a pu, sans mandat, sans pouvoir spécial, et sans y être forcée par un danger imminent, par une urgente nécessité, corriger et réformer la constitution de l'État, à plus forte raison la chambre qui lui succède chargée d'exercer, à l'égard de la pairie, le pouvoir constituant, est-elle fondée non à changer les dispositions de la Charte, mais à tracer la voie et à indiquer le moyen légal des changemens qu'il serait indispensable d'y opérer.

Combien d'autres omissions pourrions-nous signaler encore?

L'ordre de succession au trône n'est pas réglé;

En cas d'extinction de la maison régnante, le mode d'élection d'un nouveau monarque n'est pas fixé;

Le titre de l'héritier présomptif de la couronne (1), l'époque de sa majorité, la dévolution de la régence pendant sa minorité, l'autorité du régent; rien de tout cela n'est prévu, n'est déterminé;

L'abrogation des constitutions antérieures et des nombreux sénatus-consultes, soi-disant *or-*

(1) L'héritier présomptif actuel a pris le titre que portait son père avant qu'il fût élevé sur le trône. Pourquoi ne s'est-il pas qualifié *Dauphin*, ancienne dénomination du fils aîné du roi régnant? Sans doute, parce qu'il n'existe plus de *Dauphiné*. Eh bien! il n'y a pas davantage de duché d'Orléans, de Chartres, de Nemours, de comté d'Artois, de Champagne, etc. La loi ne connaît que des départemens. Ne conviendrait-il pas, quand la féodalité est détruite, de substituer à ces titres chimériques des qualifications plus appropriées à l'état actuel de la société? Ne devrait-on pas, comme cela se pratique dans presque tous les états, désigner l'héritier présomptif sous le titre de *prince royal*, donner à ses puînés le même titre de prince, auquel on ajouterait le nom patronimique de chacun d'eux? L'on ferait ainsi disparaître, à la satisfaction générale, ces dernières traces d'une féodalité dont le nom seul est toujours odieux à la France.

ganiques, n'est pas prononcée. Ainsi, rien n'empêche un ministre audacieux de tirer encore, de ces vieux décombres, des matériaux pour opprimer les citoyens ou assurer l'impunité à ses agens.

Arrêtons–nous : nous croyons avoir suffisamment démontré que les improvisateurs de la Charte de 1830, soit oubli, soit négligence, ou tout autre motif, ont omis de statuer sur les points constitutionnels les plus importans; qu'ils n'ont résolu, pas même abordé, aucune des principales questions que présente l'organisation sociale. Pour réparer tant et de si graves omissions, et assurer quelque durée à une œuvre si incomplète, il faut se hâter de la réviser, de l'approprier aux besoins du peuple auquel elle est destinée, de la soumettre enfin à sa sanction, seul moyen de couvrir l'illégalité d'origine de cet acte, et le défaut de pouvoir de ses auteurs.

FIN.